Dilma Silva

33 MANTRAS PARA COCRIAR

Desperte a mente rumo a grandes realizações

Dilma Silva

33
MANTRAS PARA COCRIAR
Desperte a mente rumo a grandes realizações

PRODUÇÃO EDITORIAL
ArteSam

Revisão e Mentoria:
Wilson Marini

Projeto Gráfico e Diagramação:
Auleriano Messias

Capa:
Auleriano Messias

Impresso no Brasil

Dados Internacionais de Catalogação na Publicação (CIP)

Silva, Dilma.
S586t 33 Mantras para cocriar : desperte a mente rumo a grandes realizações / Dilma Silva. – Belo Horizonte : ArteSam Editora, 2022.
118 p. : il. ; 21 cm.

Inclui bibliografia.
ISBN 978-65-00-51040-9

1. Autoajuda. I. Título.

1122-11 CDD 158.1

Ficha catalográfica elaborada por
Débora Soares Vicente de Santana – Bibliotecária CRB-9/1914

Índice para catálogo sistemático:
1. Autoajuda 158.1

Sumário

CAPÍTULO 6

CAPÍTULO 7

CAPÍTULO 8

CAPÍTULO 9

POSFÁCIO

APÊNDICE 1

APÊNDICE 2

Abra cada palavra e veja:
ela é viva.
Abra cada palavra e sinta:
ela possui corpo.
Abra cada palavra e ouça:
ela vibra um destino.
Abra cada palavra e pronuncie:
ela é um espírito em ação.
Abra cada palavra e perceba:
ela carrega um intento.

Kaká Werá

INTRODUÇÃO

Como criamos e nutrimos a nossa realidade? Que pensamentos e palavras nos definem e projetam nosso viver e visão sobre o mundo?

A escritora Caroline Myss comenta que cada palavra contém um universo. Há uma riqueza presente em muitas palavras, e estas nem sempre são consideradas, deixando de ser referência para muitos.

Palavras são poderosas. Podemos provocar sérios danos, ou criar grandiosidade. Podemos criar memórias de divisões, atritos e abusos, e destruir reputações com apenas uma palavra. Ao mesmo tempo, podemos estabelecer grandes acordos, empoderar e elevar a autoestima de um indivíduo ou de um grupo.

Palavras podem levar a grandes e belas transformações. Qual é o impacto que irradiamos e deixamos impresso com nossas palavras?

Com demasiada frequência, permanecemos aprisionados em esquemas repetitivos de pensamentos. Um ciclo de negatividade parece que foi instalado em nosso cérebro: ele parte da ideia de que tudo aquilo que existe no mundo nos acontece, em vez de criar um mundo no qual tudo acontece através de nós.

Estas palavras aqui registradas pretendem ser um estímulo para que criemos um vocabulário muitas vezes silencioso, e outras expressado em alto e bom som, pleno de positividade, que vibre na gentileza consigo mesmo em um primeiro momento, que reverbere equilíbrio, autenticidade, reciprocidade, enfim, sentido de viver e felicidade.

Palavras de poder, os mantras são um convite para que trilhemos o caminho do bem viver, do bem viver, da satisfação plena com a própria realidade, de uma forma fácil e leve. Nesse caminho de altos e baixos, nascimento e morte, dor e prazer, criar comandos, palavras e até mesmo sons assertivos nos levarão a fazer essa jornada com valor e empoderamento.

O mundo acontecerá por meio de escolhas e decisões conscientes. Essas pequenas doses de sabedoria criam clareza e conexão profunda com o que há de melhor, mais poderoso e mais sagrado em nós mesmos.

Que essas afirmações nos levem a uma conexão profunda com a beleza, poder, criatividade e riqueza do nosso Ser.

Afetuosamente,
Dilma Silva

CAPÍTULO 1

Um pouco de ciência

Feche a porta, mude o disco, limpe a casa, sacuda a poeira.
Deixe de ser quem era, e se transforme em quem é.

Gloria Hurtado

Estudos realizados pelo Dr. Richard Davidson e outros colaboradores, como Joe Dispenza, constataram através da neurociência, que, por meio de trabalhos de meditação, repetição de comandos positivos e projeções futuras de nossa realidade, podemos enviar sinais reais ao nosso cérebro, e ele pode captar esses sinais e transformar essa fonte de energia em realidade, como também em um processo de cura.

Davidson, da Universidade de Wisconsin, divulgou algumas de suas pesquisas que revelaram que nossos pensamentos têm sempre um impacto direto sobre todas as nossas situações cotidianas, pois nós manifestamos as ideias que escolhemos visualizar e que atraem nossa atenção.

Isso confirma a filosofia espiritual, conhecida há muito

tempo, de que somos participantes perpétuos e cocriadores da nossa própria realidade cotidiana.

Ele realizou um trabalho junto à comunidade de monges do Dalai Lama do Tibete. Oito monges budistas se dispuseram a realizar a ressonância do cérebro durante as várias fases dos seus processos de meditação.

Ao longo dos testes, foi pedido a cada monge que se concentrasse sobre um tema, por exemplo, a compaixão, a alegria ou a felicidade. Os resultados confirmaram que, segundo onde você concentra a sua atenção, você mudará fisicamente a existência, a direção e o comportamento das partículas subatômicas do seu cérebro.

Os testes registraram ondas gama extremamente poderosas, com origem no hipotálamo, relacionadas ao estilo de aprendizagem, com um alto poder no processo cognitivo e evidência de picos de felicidade.

Tal experiência deixou os cientistas perplexos. Será então possível que nossos pensamentos realmente criam nossa própria realidade?

A melhor forma de combater ou dissolver as emoções negativas é desenvolver a capacidade de se conectar com as emoções positivas.

Davidson comenta: "Descobri que uma mente calma pode produzir bem-estar em qualquer tipo de situação. E quando me dediquei a investigar, por meio da neurociência, quais são as bases para as emoções, fiquei surpreso de ver como as estruturas do cérebro podem mudar em tão somente duas horas". (*O estilo emocional do cérebro*, Ed. Sextante, 2013).

O convite é para que nos presenteemos com essas emoções positivas e abracemos nossa grandeza e capacidade de mudar e transformar a própria realidade.

CAPÍTULO 2

Faça uso do seu poder: a força da palavra

O prisioneiro que tem a porta do seu cárcere aberta e não se liberta é um covarde.

Khalil Gibran

Segundo Foucault , a linguagem é o grande recurso que o ser humano possui como processo de autoconhecimento, conhecimento do outro e do mundo, e é a possibilidade de realizar sonhos.

O homem depende da linguagem para viver em sociedade. Ela é a base de nossa cultura, e dificilmente haveria civilização não fosse o emprego da linguagem e o poder das palavras.

É através delas que influenciamos e provocamos as mudanças quase sempre necessárias para construir uma vida melhor. Na referência bibliográfica, cito sua obra para aqueles que desejarem se aprofundar.

A expressão por meio da palavra traz consigo uma riqueza: somos capazes de manifestar sentimentos e nos capacitamos para entender os sentimentos de outros. Criar e fazer uso de uma linguagem consciente nos leva ao conhecimento de quem somos e de quem são as pessoas com quem convivemos.

Esse processo de autoconhecimento torna as nossas relações afetivas, familiares e sociais mais ricas, harmônicas e profundas.

Um outro ponto destacado por Foucault é que a palavra em sua riqueza gera uma outra habilidade que é a de raciocinar com clareza e, por consequência, absorvemos com maior facilidade e profundidade qualquer tema, em qualquer área do conhecimento. Tal habilidade nos proporciona o desenvolvimento na área pessoal e profissional.

Adquirimos destreza e aptidão para o diálogo, para perceber o outro em seu contexto, riqueza e formas de se expressar por meio de sua cultura, identidade e diversidade. Assim conhecemos melhor o nosso tempo, o nosso lugar e a nossa posição na história. Enfim, a linguagem é o maior auxílio para que o homem aprenda a lidar consigo mesmo, com o mundo e com os outros homens. Ela é o principal instrumento para que tomemos posse de nossas capacidades e realizemos a nossa vocação.

O chamado deste breve manual sobre os mantras são para que nos aproximemos e possamos usufruir, cocriar e reproduzir uma nova realidade articulada por uma linguagem expansiva e empoderada. Tais repetições nos levam a impregnar cada célula do cérebro e do corpo com uma linguagem diferenciada que gera bem-estar, paz, leveza.

É através delas que influenciamos e provocamos as mudanças, quase sempre necessárias para construir uma vida melhor.

CAPÍTULO 3

O Ho'oponopono

O sonho é que leva a gente para a frente.
Se a gente for seguir a razão, fica aquietado, acomodado.

Ariano Suassuna

Repita este mantra durante o dia. Não precisa racionalizar. Simplesmente coloque uma intenção com alguma emoção que queira se desfazer, ou um desejo que queira realizar.

Ho'o = causa.

Ponopono = endireitar, arrumar, corrigir.

O Ho'oponopono é um mantra criado pela indígena havaiana kahuna Morrnah Nalamaku Simeona. Estas palavras repetidas uma e outra vez, com consciência, proporcionam experiências de perdão, gratidão e amor incondicional. Devolvem um senso de paz e possibilitam a reconciliação e a sabedoria de viver.

As frases expressam um reconhecimento e desejo de mudanças. Ao recitá-las, abrimos as portas para a liberdade, vivenciando a humildade, o amor profundo e a gratidão por permitir que essa experiência nos conduza a um lugar de paz e equilíbrio.

Através da adesão prática ao sistema do Ho'oponopono, observa-se a facilidade de liberar recordações e memórias incrustadas na mente e o alcance de uma rotina com mais paz, equilíbrio, serenidade.

Dr. Ihaleakalá Hew Len, aluno de Morrnah Simeona, foi quem difundiu o Ho'oponopono. Ao compartilhar a sua experiência prática com a técnica, sua vivência causou assombro e atração por ser totalmente diferenciada.

Dr. Len trabalhou no Hospital do Estado do Havaí durante quatro anos em um pavilhão onde estavam encarcerados os loucos criminais mais perigosos da região. As pessoas que passavam por aquele pavilhão simplesmente viviam dominadas pelo medo de serem atacadas pelos pacientes, mesmo sendo aqueles que deveriam tratar de curar e ressocializá-los. A maior parte do pessoal do hospital ficava doente ou se demitia.

Dr. Len, em seus cursos ou entrevistas, sempre destacava que nunca atendia os pacientes diretamente. Assinou um acordo para ter uma sala no hospital e revisar os seus prontuários. Enquanto lia as fichas médicas de seus atendidos, ele trabalhava sobre si mesmo.

E nessa rotina, em alguns meses ele e outros profissionais observaram que os pacientes começaram a apresentar quadros satisfatórios de cura. Dr. Len destacava que poucos meses após as persistentes limpezas de memórias, certos pacientes encarcerados receberam a permissão para caminharem livremente pelo espaço do pavilhão, não oferecendo ameaças. Outros tiveram suas medicações reduzidas e outros tantos receberam alta. Hoje, aquele pavilhão do hospital está inativo.

Muito assombrados, os ouvintes do dr. Len sempre indagavam como conseguiu tal proeminência, e ele sempre respondia: "Eu simplesmente estava curando aquela parte em mim que havia criado tal estado naquelas pessoas".

Liberação de crenças limitantes

A ferramenta do Ho'oponopono leva a dissolver, apagar a repetição de pensamentos. O praticante se depara e se surpreende com a liberação de crenças limitantes, livre da subordinação a ressentimentos, medos e bloqueios.

Uma vez excluídas as memórias dolorosas, um espaço vazio se abre com mais consciência de possibilidades. Entra-se na percepção de que as escolhas no presente são as que garantem o prazer e a facilidade em viver. Esta independe do desafio do momento.

O Ho'oponopono permite ao praticante soltar todas as recordações dolorosas, que são a razão e causa de desequilíbrios e doenças. Como em um processo de lapidação de pedras preciosas, na medida em que se limpam tais memórias limitantes, o que aparece é o brilho e a essência do verdadeiro ser. Ocorre um esvaziamento de uma visão diminuta de si mesmo. Adentra-se e toma-se posse de um ser com infinitas possibilidades.

O escritor Jens Wescott cita o psicólogo havaiano dizendo que este levava seu público a perceber que, quando surge um problema, o intelecto sempre busca alguém ou alguma coisa para culpar. Procuramos fora de nós a origem de nossos problemas. Não percebemos que a origem está dentro de nós.

O Dr. Len curava suas memórias limitantes ao tratar aqueles pacientes observando os prontuários daqueles pacientes.

Dr. Len faleceu em janeiro de 2022, mas deixou um legado. Simplesmente, permanecia dizendo infinitas vezes: *Me perdoe, eu sinto muito, te amo, sou grato.*

"Só isso! Acontece que amar a si mesmo é a melhor forma de melhorar a si mesmo e, à medida que você melhora a si mesmo, melhora o seu mundo. (...) Seria necessário um livro inteiro para explicar essa técnica avançada com a profundidade que ela merece. Basta, apenas, dizer que, quando você queira ou deseje melhorar qualquer coisa na sua vida, existe somente um lugar onde procurar: dentro de você mesmo. E, quando olhar, faça-o com amor." (Joe Vitale, em *Limite Zero*).

As frases estão associadas a um modo de ser diferenciado, raro, porém possível e acessível a qualquer um que se disponha e alimente um desejo de mudanças. Ao recitá-las, abrimos as portas para a Compaixão, a Humildade, o Amor e a Gratidão. Abandonamos uma existência arraigada de memórias do passado e assumimos o presente pleno de escolhas conscientes e possibilidades.

As frases expressam um reconhecimento e desejo de mudanças. Ao recitá-las, abrimos as portas para a liberdade, vivenciando a humildade, o amor profundo e a gratidão por permitir que essa experiência nos conduza a um lugar de mais paz e equilíbrio.

Ho'oponopono

Eu sinto muito
Me perdoe,
Eu te amo,
Sou grato (a).

A oração completa

Divino Criador, Pai, Mãe, Filho, todos em Um. Se eu, minha família, meus parentes e antepassados, ofendemos sua família, parentes e antepassados, em pensamentos, fatos ou ações, desde o início de nossa criação até o presente, nós pedimos o seu perdão. Deixe que isso se limpe, purifique, libere e corte todas as memórias, bloqueios, energias e vibrações negativas. Transmute essas energias indesejáveis em pura luz, e assim é.

Para limpar o meu subconsciente de toda carga emocional armazenada nele, digo uma e outra vez, durante o meu dia, as palavras-chave do Ho'oponopono:

Eu sinto muito,
Me perdoe,
Eu te amo,
Sou grato (a).

Declaro-me em paz com todas as pessoas da Terra e com quem tenho dívidas pendentes. Por esse instante e em seu tempo, por tudo o que não me agrada em minha vida presente:

Eu sinto muito,
Me perdoe,
Eu te amo,
Sou grato (a).

Eu libero todos aqueles de quem eu acredito estar recebendo danos e maus-tratos, porque simplesmente me devolvem o que fiz a eles antes, em alguma vida passada:

Eu sinto muito,
Me perdoe,
Eu te amo,
Sou grato (a).

Ainda que me seja difícil perdoar alguém, sou eu que pede perdão a esse alguém agora. Por esse instante, em todo o tempo, por tudo o que não me agrada em minha vida presente:

Eu sinto muito,
Me perdoe,
Eu te amo,
Sou grato (a).

Por esse espaço sagrado que habito dia a dia e com o qual não me sinto confortável:

Eu sinto muito,
Me perdoe,
Eu te amo,
Sou grato (a).

Pelas difíceis relações às quais só guardo lembranças ruins:

Eu sinto muito,
Me perdoe,
Eu te amo,
Sou grato (a).

Por tudo o que não me agrada na minha vida presente, na minha vida passada, no meu trabalho e o que está ao meu redor, Divindade, limpa em mim o que está contribuindo para minha escassez:

Eu sinto muito,
Me perdoe,
Eu te amo,
Sou grato (a).

Se meu corpo físico experimenta ansiedade, preocupação, culpa, medo, tristeza, dor, pronuncio e penso: Minhas memórias, eu te amo. Estou agradecido pela oportunidade de libertar vocês e a mim.

Eu sinto muito,
Me perdoe,
Eu te amo,
Sou grato (a).

Neste momento, afirmo que te amo. Penso na minha saúde emocional e na de todos os meus seres amados. Te amo. Para minhas necessidades e para aprender a esperar sem ansiedade, sem medo, reconheço as minhas memórias aqui neste momento:

Eu sinto muito,
Me perdoe,
Eu te amo,
Sou grato (a).

Amada Mãe Terra, que é quem eu sou: se eu, a minha família, os meus parentes e antepassados te maltratamos com pensamentos, palavras, fatos e ações, desde o início da nossa criação até o presente, eu peço o teu perdão. Deixa que isso se limpe e purifique, libere e corte todas as memórias, bloqueios, energias e vibrações negativas. Transmute essas energias indesejáveis em pura luz e assim é.

Para concluir, digo que esta oração é minha porta, minha contribuição à tua saúde emocional, que é a mesma que a minha. Então esteja bem e, na medida em que vai se curando, eu te digo que:

Eu sinto muito pelas memórias de dor que compartilho com você. Te peço perdão por unir meu caminho ao seu para a cura, te agradeço por estar aqui em mim. Eu te amo por ser quem você é.

CAPÍTULO 4

Mantra: o que é?

Você nunca sabe que resultados virão da sua ação.
Mas se você não fizer nada, não existirão resultados.

Mahatma Gandhi

A repetição de certas palavras ajuda a despertar situações positivas e cria um novo jeito de ser no mundo. Esse é o nosso convite – repetir até que surja esse novo.

Permita-se a cada dia se nutrir dessas deliciosas doses de sabedoria e poder.

A palavra Mantra tem sua origem no sânscrito, idioma da antiga Índia, e significa pensamento que liberta. *Man* representa a alma e o ato de pensar; *tra* = liberação e realização de algo.

A prática produz um efeito benéfico para a mente. O mantra pode ser recitado a qualquer hora do dia, cantado em voz alta ou entoado mentalmente.

As palavras positivas, repetidas uma e outra vez, criam uma ressonância em nosso cérebro e nossas vidas, desativando e dissolvendo pensamentos negativos e limitantes, levando-nos a conhecer e reconhecer a grandeza e potência daquilo que somos.

Temos o poder e capacidade de orientar e criar novas formas para nossos pensamentos. Você tem a palavra!

Algumas dicas para imprimir um vocabulário novo para a mente

- Tome consciência de sua respiração, inspire profundamente e expire.
- Mesmo que você tenha um turbilhão de pensamentos, persista.
- Os pensamentos negativos te levarão a crer que você é incapaz de liberar sua mente, mas persista. Você pode! Repita: *Eu posso!*
- Entre na energia do possível, da facilidade, da esperança, da autovalorização.
- Como em um esporte ou aprendizado, a persistência é o ingrediente mágico. Insista.
- Tenha clareza de que está impulsionando emoções positivas.
- Caso não dê conta de repetir uma frase inteira, escolha palavras ou expressões curtas como gratidão, sou grato (a), eu mereço, estou em paz.
- As palavras devem despertar o que há de melhor em você.
- Imagine-se criando no “aqui e agora” um futuro e uma história diferente. Uma história livre de medos, ressentimentos, frustrações, tristeza, vazio, raiva e estresse. Desenhe e crie em sua mente uma história de realizações, felicidade, paz, conquistas, prosperidade, amor e gratidão.
- Repita o seu mantra várias vezes ao dia. Se necessário, durante todo o dia.

Mantras: nosso poder de cada dia

As frases expressam reconhecimento e desejo de mudanças. Ao recitá-las, abrimos as portas para a liberdade, vivenciando a humildade, o desejo de mudança, o amor profundo e a gratidão por permitir que essa experiência nos eleve a um lugar de paz, equilíbrio e conquistas.

Falar em voz alta ou mentalizar um mantra é um método para atrair o que se deseja, transformar a vida financeira, amorosa e pessoal e criar pensamentos de mais leveza e criatividade.

O despertar da consciência e dos seus potenciais é possível por meio dessas poderosas palavras. Vamos praticar?

Faça o seu pedido, **CONFIE**, você receberá!

Mantras criados pela Autora

Mantra 1

*Em conexão com a fonte criadora,
estou em sintonia com a paz,
abundância, riqueza e beleza do
Universo. Recebo e sou grato.*

Mantra 2

Simplicidade:
Vibro no Amor e na Paz.

Mantra 3

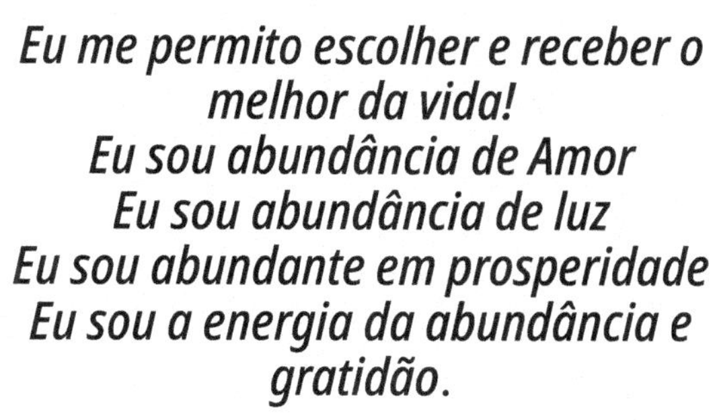

Eu me permito escolher e receber o melhor da vida!
Eu sou abundância de Amor
Eu sou abundância de luz
Eu sou abundante em prosperidade
Eu sou a energia da abundância e gratidão.

Mantra 4

Respiro paz,
serenidade e calma.

Mantra 5

Abençoo e bendigo minha história, meu agora, minha vida. Crio e ativo a beleza, a criatividade, me conecto com minhas habilidades.

Mantra 6

Minha sabedoria interna sempre me guia por caminhos seguros.

Mantra 7

Libero e solto agora todas as memórias de escassez. Recebo e estou em conexão com a abundância, saúde e serenidade.

Mantra 8

No aqui e agora, além do barulho de todas as coisas, pontos de vista, julgamentos e negativismos, mantenho a paz e frequência elevada. Gratidão por esse poder alcançado.

Mantra 9

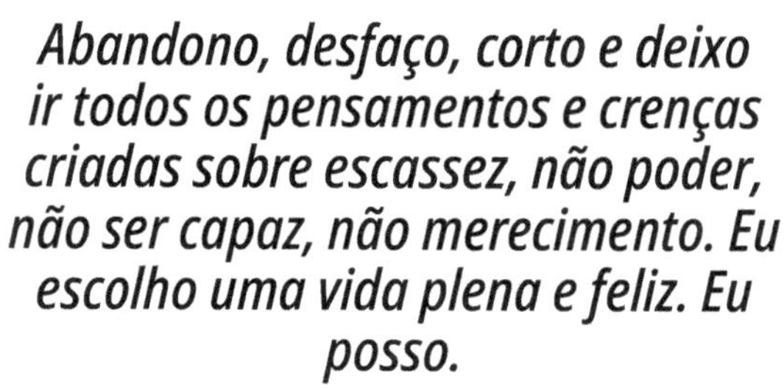

Abandono, desfaço, corto e deixo ir todos os pensamentos e crenças criadas sobre escassez, não poder, não ser capaz, não merecimento. Eu escolho uma vida plena e feliz. Eu posso.

Mantra 10

Desenho meu destino
com confiança e alegria.

Mantra 11

O Universo me brinda plenitude, riqueza, sabedoria e bem-estar. Eu acolho.

Mantra 12

Eu mereço o melhor da vida,
um amor real e sincero.

Mantra 13

Entro no silêncio do meu ser,
meu espaço sagrado, e
atraio tudo o que há de melhor.

Mantra 14

O Amor é a energia que escolho vibrar agora. Essa vibração alcança aqueles com que convivo.

Mantra 15

O amor é a magia que transforma meu mundo e o mundo em bondade, confiança, compaixão e esperança.

Mantra 16

*Bendigo agora meu corpo, minha vida,
meus desafios, meu ontem e amanhã.
Bendigo também o divino que há em
mim.*

Mantra 17

Renovo meu amor pela vida,
meu ser autoconfiante,
abundante e feliz. Respiro paz!

Mantra 18

Sintonizo o bem e o bem me encontra.
Recebo a vibração do meu poder.

Mantra 19

Sou um ser de luz, tenho a habilidade para criar minha vida aqui e agora. Soltar e confiar.

Mantra 20

Tudo se transforma em luz, entro em sintonia com o que sou em verdade: crio minha vida.

Mantra 21

A paz toma o lugar do medo, da procrastinação e pavor, que cedem lugar à alegria, compaixão e tranquilidade. Estou em paz!

Mantra 22

*Abraço uma nova realidade,
crio minha história com mais
leveza, autoconfiança, sucesso e
empoderamento.*

Mantra 23

Celebro meus passos seguros e confiantes, no caminho da prosperidade, cura, aceitação, compaixão e amor.

Mantra 24

Observo e entro em sintonia com o Universo, que no silêncio me fala de criação, recriação, beleza, riqueza e harmonia. Escolho acessar esse equilíbrio com o todo.

Mantra 25

No código da inteligência divina, não há exclusão ou competição, simplesmente sou em minha individualidade e grandiosidade. Sou grato (a).

Mantra 26

Um ciclo de prosperidade,
amor-próprio, liberdade
e escolhas assertivas se abre.

Mantra 27

Os medos estão superados,
vivo na sintonia do amor,
gratidão, abundância.

Mantra 28

Eu decreto que todos os obstáculos do meu caminho sejam removidos agora.

Mantra 29

O medo se converte em serenidade, e a ansiedade em confiança e determinação.

Mantra 30

Desenho meu destino com a serena certeza de que o crio com novas escolhas, atraio novas e grandes possibilidades. A vida se expande com leveza.

Mantra 31

Eu mereço uma vida feliz, um amor real e sincero, abundância financeira, ter sucesso em tudo que faço! Está feito.

Mantra 32

Deixo ir as crenças limitantes como escassez, medo, não merecimento, frustração. Tudo se transforma em luz, entro em sintonia com o que sou em verdade: crio minha vida.

Mantra 33

Manifesto e sou a todo momento gratidão. Gratidão, gratidão, gratidão, gratidão, gratidão!

CAPÍTULO 5

Soltar e confiar

Ter convicções fortes é o segredo para sobreviver às dificuldades. O seu espírito pode ficar cheio, mesmo quando seu estômago está vazio.

Nelson Mandela

Trago à lembrança a instigante história de Nelson Mandela (1918-2013), líder africano que marcou a história da África do Sul e inspirou e influenciou mudanças de pensamentos e comportamentos no mundo inteiro. Sua trajetória nos faz perceber a grandeza e sabedoria que somos capazes de emanar ao exercer nosso poder consciente de escolhas, fazendo-nos mais humanos, mais sensatos e amorosos.

Mandela foi um exemplo na luta por igualdade racial e justiça, prêmio Nobel da Paz em 1993 e presidente sul-africano após 27 anos preso. O poema *Invictus*, fonte de inspiração e superação para Nelson Mandela em todos os longos anos no cárcere, nos oferece um aprendizado valioso e essencial sobre o ir além dos bancos de dados da memória: medos, traições, julgamentos, solidão, trabalhos forçados, estresse etc.

Nos fala, através de sua conduta, de um processo silencioso de autoconfiança, de capacidade criativa, de se permitir ficar de pé, nutrido no dia a dia pela esperança e rejeição ao medo. Tal atitude despertou em Nelson Mandela um senso profundo de liberdade, pleno de autenticidade e força. Tomou a firme decisão de ser o capitão de sua alma.

Invictus é um poema vitoriano de autoria do poeta inglês William Ernest Henley (1849–1903). Mandela admitiu em certa ocasião que sempre que começava a perder suas forças, relia o poema em busca de conforto e companhia para enfrentar toda a dor que sofreu.

Invicto

Do breu da noite que não dissolve
A me envolver em nuvem negra,
A qualquer deus – se algum me ouve,
Agradeço por minha alma que não se verga.

Fustigado pelas garras do acaso,
Nunca lamentei, não esmoreceu minha fé.
Sob os golpes fortuitos do descaso,
Trago a cabeça em sangue, mas ainda de pé.

Além deste lugar de ira e ranger de dentes
Só se vê o Horror de sombras silentes,
Mas a ameaça do Tempo, que nunca recua,
Não me amedronta, nem me acua.

Embora estreito o portão, sigo adiante,
Mesmo tendo ao lado o castigo e o desatino,
Da minha alma eu sou comandante,
Eu sou o senhor do meu destino.

A figura e a estatura humana de Nelson Mandela são aqui citadas como exemplo claro de que, para criar uma nova realidade, faz-se necessário soltar, deixar ir padrões mentais que são repetições do passado, emaranhadas em medos, julgamentos, vitimismos, incapacidades etc. Soltar pressupõe dar sinais de que essa prisão ou gaiola limitante não são o lugar ideal.

Na prática diária dos mantras, dentre muitas habilidades que adquirimos, uma delas é a arte de soltar e confiar. Muitas vezes, ao ter um propósito, podemos criar expectativas quanto ao resultado obtido. Significa que a mente está interferindo e gerando controle e até certa ansiedade. Sem perceber, podemos travar o processo com certas conclusões: não está dando certo, não percebi nenhuma mudança, comigo é sempre difícil etc.

"Para fazer a escolha de um objetivo a atingir, a mente explora seu banco de dados, composto pelas memórias ou experiências passadas, assim como um computador faria com os dados gravados em seu disco rígido. Assim a escolha de um objetivo ou uma decisão a tomar, no fim das contas, não passa de um produto de nossas memórias" (Jean Graciet)".

Repetimos memórias traumáticas do passado e nos preocupamos com o futuro. É a razão pela qual a mente se engana com tanta frequência.

A repetição consciente dos mantras nos mantém no presente, no aqui e agora. Temos o poder de escolher sair do controle, soltar memórias. Podemos abrir a porta da gaiola das sequências de limitações e repetições e adentrar em mais possibilidades.

No estado de plena confiança, acessamos um lugar de paz, uma percepção de que há uma grandiosidade, abundância, poder próprio a ser alcançado. É nesta trilha interna de novos comandos para o cérebro, de recriação de uma linguagem, que se pode apreciar e desfrutar da liberdade, do direito de transformar-se.

Essas palavras de poder – os mantras – nos ensinam que ao interromper o caminho da negatividade, fortalecemos a paciência, a autoconfiança. Vamos vislumbrando e percebendo que se abre um belo caminho de poder pessoal e mais possibilidades.

Da minha alma eu sou comandante.

Eu sou o senhor do meu destino.

CAPÍTULO 6

O sentido da gratidão

A verdadeira gratidão é um transbordamento espontâneo do coração diante da beleza da vida em todos os seus aspectos e uma decisão consciente de olhar tudo o que há de bom e positivo no mundo

M. J. Ryan

Temos uma palavra que nos outorga o poder de viver de forma diferenciada: **gratidão**. É algo que surge de vivências, muitas vezes adversas, mas, que ao expressá-la, nos traz um sentido de paz e calma, um doce sabor de superação e de que tudo ficará bem, porque nada é perene, e acima de tudo, porque me permito e escolho estar bem.

O senso de gratidão nos tira de estar condicionados pela negatividade, vitimismo. É uma prática que requer estar presente, vivenciando o agora, tem a ver com apreciar, observar e valorizar as coisas boas. Traz consigo a percepção de que a vida pode estar imbuída de um sentido positivo, mesmo em meio a adversidades. A mente vai além do óbvio e busca soluções para tais circunstâncias.

As investigações da neurociência vêm contribuindo bastante para que percebamos a riqueza dessa expressão: a gratidão cria caminhos neurais em nosso cérebro, e isso reverbera em nossas vidas de uma forma extraordinária. Diversas pesquisas científicas identificaram que quando sentimos gratidão, liberamos o neurotransmissor dopamina e ativamos o sistema de recompensa do cérebro, e isso gera uma sensação ainda maior de bem-estar e prazer no corpo.

Por isso, pessoas que sentem e expressam gratidão sentem mais emoções positivas e demonstram mais energia e vitalidade, e pessoas que recebem esse sentimento de gratidão se sentem reconhecidas e incentivadas a fazer o que quer que seja ainda melhor.

Concluímos a reflexão com uma citação de Melody Beattie, que faz um apelo em seus escritos para que a pessoa se cuide e foque na gratidão como uma forma de abrilhantar e dar valor à vida: "A gratidão desbloqueia a abundância da vida. Ela torna o que temos em suficiente, e mais. Ela torna a negação em aceitação, caos em ordem, confusão em claridade. Ela pode transformar uma refeição em um banquete, uma casa em um lar, um estranho em um amigo. A gratidão dá sentido ao nosso passado, traz paz para o hoje e cria uma visão para o amanhã."

CAPÍTULO 7

Access consciousness

Seja qual for o conteúdo do momento presente,
aceite-o como se você o tivesse escolhido.
Sempre trabalhe com ele, não contra ele.
Torne-o seu amigo e aliado, não seu inimigo.
Isso vai milagrosamente transformar toda a sua vida.

Eckhart Tolle

O mantra de access consciousness, criado por Gary Douglas, também faz parte do meu repertório:

Tudo na vida vem a mim, com facilidade, alegria e glória!

Sou grata a todos aqueles que fizeram e fazem parte dessa jornada comigo, nas diferenças, empatias, morte e vida, angústias e alegrias, acordos e desacordos, risos e lágrimas. Tudo isso me levou a perceber que sempre há mais possibilidades para romper padrões, pontos de vista e medos e experimentar o novo com facilidade e alegria. Muitas vivências me forçaram a olhar para dentro e perceber que há escolhas que levam a mais liberdade e autonomia. E tudo flui com mais facilidade... Sou imensamente grata.

Permita-se descobrir e desenrolar a magia da vida, com novos comandos. Crie novos hábitos com essas palavras, que repetidas uma e outra vez, criarão novos caminhos neurais. Crie um espaço de permissão para sua mente se ressignificar, reprogramar e se conectar com aquilo que te tornará mais saudável, próspero, criando um eu cheio de leveza, prazer e alegria. Expanda seu coração e mente, crie o hábito de ser você a cada dia.

Se você acredita que pode mudar – se faz disso um hábito – a mudança se torna real.

Não estamos sozinhos, você não está sozinho (a). Nesse silencioso caminho de romper com hábitos tóxicos e negativos, criamos a cada dia mais possibilidades, liberdade, mantemos ativos o amor, a esperança e a gratidão.

Estamos juntos nessa jornada.

Recito também as palavras de Morrnah Simeona:

Sou grata por ter você em meu caminho.
Então esteja bem, e na medida em que vai se curando, eu te digo que
Eu sinto muito pelas memórias de dor que compartilho com você.
Te peço perdão por unir meu caminho ao seu para a cura.
Te agradeço por estar aqui em mim.
Eu te amo por ser quem você é.

CAPÍTULO 8

Frases inspiradoras

Seguem algumas citações de pessoas que nos apontam e incentivam nesta trajetória diferenciada. Uma sugestão é para que você possa ler, anotar e dar sequência nessa vivência de expansão de consciência.

Suba o primeiro degrau com fé. Não é necessário que você veja toda a escada. Apenas dê o primeiro passo.

Martin Luther King

O amor é a força mais sutil do mundo.

Mahatma Gandhi

Através dos passos alternados de perda e ganho,

silêncio e atividade, nascimento e morte,

eu trilho o caminho da imortalidade.

Deepak Chopra

Não podemos criar um novo futuro apegando-nos às emoções do passado.

Joe Dispenza

O que vale não é o quanto se vive... mas como se vive...

Martin Luther King

A fórmula da felicidade e do sucesso é simplesmente ser você mesmo da maneira mais sincera que puder. O passado é lição para se meditar, não para se reproduzir.

Mário de Andrade

Nada é absoluto. Tudo muda, tudo se move, tudo gira, tudo voa e desaparece.

Frida Kahlo

A gente vive esperando que as coisas mudem, que as pessoas mudem. Até que um dia a gente muda e vê que nada mais precisa mudar.

Paulo Ursaia

As pessoas dizem frequentemente que a motivação não dura. Bem, nem o banho - e é por isso que ele é recomendado diariamente.

Zig Ziglar

Que os vossos esforços desafiem as impossibilidades. Lembrai-vos de que as grandes coisas do homem foram conquistadas do que parecia impossível.

Charles Chaplin

Quem sabe concentrar-se numa coisa e insistir nela como único objetivo, obtém a capacidade de fazer qualquer coisa.

Mahatma Gandhi

Apressa-te a viver bem e pensa que cada dia é, por si só, uma vida.

Sêneca

Recria tua vida, sempre, sempre. Remove pedras e planta roseiras e faz doces. Recomeça.

Cora Coralina

Sempre parece impossível, até que seja feito.

Nelson Mandela

Seus pensamentos são incrivelmente poderosos. Escolha o seu com sabedoria.

Joe Dispenza

Eu sou aquela mulher
a quem o tempo muito ensinou.
Ensinou a amar a vida
e não desistir da luta,
recomeçar na derrota,
renunciar a palavras
e pensamentos negativos.
Acreditar nos valores humanos
e ser otimista.

Cora Coralina

A vida que não se examina não vale a pena ser vivida.

Sócrates

Sou muito grato às adversidades que apareceram na minha vida, pois elas me ensinaram a tolerância, a simpatia, o autocontrole, a perseverança e outras qualidades que, sem essas adversidades, eu jamais conheceria.

Napoleon Hill

O preço da perfeição é a prática constante.

Autor Desconhecido

A felicidade é a oportunidade que você cria
para ser o artista de sua autocriação.

Roberto Shinyashiki

Olhe para uma árvore, uma flor, uma planta.
Deixe sua atenção repousar nelas. Note como estão calmas,
profundamente enraizadas no Ser.
Deixe que a natureza lhe ensine o que é a calma.

Eckhart Tolle

Quando eu saí em direção ao portão que me levaria
à liberdade, eu sabia que, se eu não deixasse
minha amargura e meu ódio para trás, eu ainda estaria na prisão.

Nelson Mandela

CAPÍTULO 9

Honrando nossos ancestrais com os mantras

O que realmente mede a sua coragem
não é o fato de você ter alcançado ou não o seu objetivo
– é de ter decidido levantar e sacudir a poeira
independentemente de quantas vezes tenha fracassado.

Oprah Winfrey

Honrar é encher-nos de gratidão por essa sabedoria que nos chega hoje. Nossos ancestrais indianos nos deixaram esse acesso à sabedoria de uma forma leve e delicada. Indico um mantra, dentre outros que expressam tanta riqueza, para que sigamos esse ciclo do despertar com eles o amor divino em nós.

Este mantra sagrado logo abaixo pode ser recitado a todo momento em que elevemos nossa vibração mais e mais no amor, delicadeza, paz, alegria, harmonia, criatividade e respeito na sua vida.

O mantra pode ser cantado, mas sempre com o cuidado

de focar o desejo sincero de despertar o amor em você e em todos e tudo a sua volta.

Prabhu Aap Jago Paramatma Jago
Mere Sarve Jago Sarvatra Jago

A tradução aproximada é: *Desperte o amor divino em você. Em tudo e em todos os lugares.*

POSFÁCIO

Minha história com os mantras

Seja fortalecido, seja livre, seja ilimitado, seja criativo,
seja gênio, seja divino, isso é o que você é.
Depois de se sentir assim, memorize esse sentimento;
lembre-se desse sentimento.
Isso é quem você realmente é.

Joe Dispenza

Gostaria de relatar a minha jornada com os mantras, palavras de poder, e proponho uma ferramenta simples e poderosa, que leva a uma vida com mais possibilidades. Este é também um convite para o início de uma jornada diferenciada. Caso você não conheça a técnica, fica a indicação, para acessar mais leveza e alegria em seu cotidiano.

Uma notícia inesperada abalou minha estrutura. O médico me disse que eu iria morrer, e que não havia e não sabia o que mais fazer após a segunda intervenção cirúrgica em apenas 15 dias. De repente a vida te obriga a fazer uma parada inesperada e abrupta, que assusta, que acorda e sacode em meio à agenda cheia, reuniões, tarefas, aulas na universidade, projetos, pesquisas, trabalhos, compromissos até então inadiáveis, muito estresse e ansiedade, momentos de risos, situações vividas e não assimiladas, não agradecidas, desagrados, situações não esquecidas. Em meio a esse turbilhão de demandas, a vida para, é interrompida por uma notícia desoladora: eu não posso fazer mais nada por você, disse o médico, de forma definitiva.

O processo cirúrgico aparentava ser simples, porém algo não esperado e perturbador se manifestou silenciosa e aceleradamente – uma pequena necrose se formava em meu corpo, tomando dimensão e espaço de tal forma precipitada que corroía as células saudáveis, fazendo com que o tecido morto ganhasse força rapidamente.

Esta constatação demandou uma segunda intervenção cirúrgica, e logo em seguida uma quantidade enorme de medicamentos para abrandar a dor e conter a ferida. Depois de alguns dias, a notícia: "eu não posso fazer mais nada por você".

A possibilidade de uma morte iminente gerou em mim um grande vazio, tristeza, desânimo, culpa, raiva, medo, ausência de sentido, um não saber o que fazer e o que pensar, a sensação de sentir-se completamente deslocada. É como se tudo parasse, e o que surge é um profundo sentimento de solidão.

A consciência e percepção da extrema fragilidade afloram de forma avassaladora. O que não é essencial perde valor, não há tempo para aquilo que é superficial.

E surgem indagações: é só isso, tão cedo? Uma pergunta se torna persistente: há algo que possa fazer que me ajudará a ter mais paz e calma, algo que possa diminuir a tagarelice de minha mente, desesperança e negativismo? O estresse havia acendido um sinal de alerta. A dispersão ganha batalhas na tentativa de um mínimo de concentração. A esperança oscila como um pavio de vela que luta para manter a chama.

E foi nesse redemoinho que arrastava minha mente para os sentimentos e emoções mais sombrios e desesperantes, que me lembrei de uma técnica que me haviam ensinado. Li muito a respeito, porém a mente racional de quem se aplicou por muitos anos sobre os estudos de filosofia me impedia de crer que palavras tão singelas pudessem levar a níveis de transformações tão profundas, como relatavam.

Naquele momento, meu ceticismo, meus argumentos, cederam lugar a essa técnica que até então era uma incógnita. Me debrucei sobre ela como uma tábua de salvação. Recitava aqueles mantras ao longo do dia e nos longos períodos de insônia. Foi assim que a surpresa sobreveio à minha vida.

O que há em mim que provocou esse estado? Que memórias e pensamentos repetitivos criaram essa realidade? Essas eram as perguntas que sempre fazia antes de recitar o mantra do Ho'oponopono e outros que fui agregando e criando. Em um primeiro momento, tive muita dificuldade de me concentrar e repetir aquelas simples e poucas palavras.

Insisti e persisti. Como não tinha outra ocupação além de ser medicada no quarto do hospital, fui repetindo mentalmente as palavras, muitas vezes acompanhadas de um choro compulsivo, sofrido, mas seguia em frente com confiança. E me surpreendi e me deparei em poucos dias com uma profunda sensação de paz e com uma serena certeza de que havia mais possibilidades à frente.

Um dos mantras recitados foi o Ho'oponopono. Sou profundamente grata, pois essas palavras de poder me permitiram um autoconhecimento e acessar um outro lugar em mim mesma.

O que eu alcancei com essas repetições? Uma profunda e indescritível sensação de paz e bem-estar. Toda a angústia e desesperança se dissolveram, e em seu lugar brotou um desejo enorme de viver, conhecer e acessar esse universo da energia, da liberação de crenças e padrões limitantes, ou seja, o mundo da expansão da consciência definitiva.

Essa foi uma experiência extremamente gratificante, que me levou a conhecer e levar minha atenção para esse universo muito pouco desbravado por mim, que ao ser tocado em sua superfície, despertou o encanto e a percepção de que há infinitas possibilidades disponíveis. Um primeiro passo que me auxiliou e ainda auxilia a acessar essas possibilidades é fazer perguntas. As perguntas, o indagar, abrem portas, e o estar em atitude de busca nos conduz a um universo pleno de riqueza. O autoconhecimento é a chave. Quais são as possibilidades que estão disponíveis para mim, que ainda não reconheci?

Após um período de práticas e absorção de conhecimentos, observando meu cotidiano, meu ser e conviver, tive a bela, grata e significante surpresa ao constatar que em momentos determinantes estava livre de julgamentos próprios e de outros, livre da culpa e medos, e acima de tudo, notei mais consciência ao fazer escolhas. Isso quer dizer que estava assumindo a responsabilidade de viver e compreender a existência como um ato maior de liberdade, tomando consciência do que se criava em minha mente, do nível de autoafirmação e respeito ao outro. Eis a grande sacada: podemos criar uma outra realidade!

Com base nessas vivências, criei e vou criando mantras que possam me auxiliar e me manter nesse caminho de autorrealização e mais possibilidades no dia a dia. E aqui, neste espaço, compartilho com você esses mantras. Um dos mantras que compartilho no livro e repito com frequência é o seguinte:

Abençoo e bendigo minha história, meu agora, minha vida. Crio e ativo a beleza, a criatividade, me conecto com minhas habilidades.

Ao recitá-lo, além da repetição, agrego alguns rituais que me auxiliam a impregnar meu cérebro dessas palavras. Me concentro, respiro profundamente e me vejo abraçando toda a minha história; me conecto com ela, com aquilo que é bom, alegre, divertido e com o que foi e é desafiante, sofrido. Ao abraçar, crio comunhão e reconhecimento dos antepassados, aprovando assim o que sou, o que estou criando. Permito-me ser e estar presente sem julgamentos e pontos de vista, permanecendo nesse estado por alguns minutos. Toda tagarelice mental, preocupações, se silenciam, e se abre uma cortina de bênçãos, de perceber superações, realizações, fracassos, perdão, risos, lágrimas, parcerias, afetos, conquistas. Meu dia se enche de boas vibrações, de luz, de esperança. Respiro paz.

Ao adentrar nesse universo, tomei conhecimento de outras técnicas muito poderosas capazes de contribuir com a eliminação de traumas, medos, angústias existenciais que parecem insolúveis. Ferramentas como a meditação, barras de access consciousness, biomagnetismo, radiestesia, óleos essenciais e feng shui na formação de lares e ambientes equilibrados e harmoniosos e a repetição de mantras, que inundam o cérebro com comandos e palavras de poder. A grande riqueza de tais ferramentas é que, de uma forma muito sútil, nos conectam com o nosso ser grandioso, capaz, cheio de valor, infinito.

O que se percebe são os sutis e belos presentes ou milagres do agora, que se revelam na medida que as memórias se dissolvem. Sou grata por poder vivenciar isso diariamente, compartilhar e observar nas diferentes vivências e relatos que é possível e acessível para todos!

Considerando essa perspectiva, digo a você, caro leitor ou leitora, que temos o poder de curar em nosso interior memórias que geram crenças limitantes, de criar uma outra realidade, criar uma outra forma de ser e viver no mundo. Essa perspectiva contraria muito aquilo que aprendemos até o momento, como a crença de que certas pessoas e situações são responsáveis por nossas mazelas e mal-estar.

Nelson Mandela, encarcerado por 27 anos para não sucumbir à dor e ao sofrimento, repetia diariamente esse mantra: *Da minha alma eu sou o comandante; eu sou o senhor do meu destino*.

O convite é para que você se permita descobrir, desenrolar e se emocionar com a magia da vida, com novos comandos, criando hábitos diferenciados que te levarão a acessar novos caminhos neurais, criando um espaço de permissão para a sua mente se ressignificar, reprogramar e se conectar com aquilo que te tornará mais saudável, próspero, criando um eu cheio de leveza, prazer e alegria.

APÊNDICE 1

Somos Mutantes

"Somos as únicas criaturas na face da Terra capazes de mudar nossa biologia pelo que pensamos e sentimos!

Nossas células estão constantemente bisbilhotando nossos pensamentos e sendo modificados por eles.

Um surto de depressão pode arrasar seu sistema imunológico; apaixonar-se, ao contrário, pode fortificá-lo tremendamente.

A alegria e a realização nos mantêm saudáveis e prolongam a vida.

A recordação de uma situação estressante, que não passa de um fio de pensamento, libera o mesmo fluxo de hormônios destrutivos que o estresse em si.

Quem está deprimido ou sentindo certa frustração devido à perda de um emprego, dificuldades em um relacionamento, insatisfação com a renda mensal, medo de rejeição ou de julgamentos, medo do sucesso etc., ao repetir essas sensações no dia a dia, projeta tristeza por toda parte no corpo – a produção de neurotransmissores por parte do cérebro reduz-se, o nível de hormônios baixa, o ciclo de sono é interrompido, os receptores neuropeptídicos na superfície externa das células da pele tornam-se distorcidos, as plaquetas sanguíneas ficam mais viscosas e mais propensas a formar grumos, e até as lágrimas de tristeza contêm traços químicos diferentes das lágrimas de alegria.

Todo esse perfil bioquímico será drasticamente alterado quando a pessoa encontra uma nova posição, quando cria um novo jeito de ser e estar no mundo.

Isto reforça a grande necessidade de usar nossa consciência para criar os corpos, mentes e propósitos de vida que realmente desejamos.

A ansiedade por causa de um exame acaba passando, assim como a depressão por causa de um emprego perdido.

O processo de envelhecimento, contudo, tem que ser combatido a cada dia.

Shakespeare não estava sendo metafórico quando o Próspero disse: "Nós somos feitos da mesma matéria dos sonhos."

Você quer saber como está seu corpo hoje? Lembre-se do que pensou ontem. Quer saber como estará seu corpo amanhã? Olhe seus pensamentos hoje! Ou você abre seu coração, ou algum cardiologista o fará por você!

"

(*Somos Mutantes*, Deepak Chopra)

APÊNDICE 2

Abrindo caminhos com o Ho'oponopono

Qual é o segredo para um sucesso mais rápido e fácil?

Este é o depoimento impactante e inspirador de Joe Vitale, participante do filme O Segredo e autor do livro Limite Zero. Neste trecho do livro, o autor relata seu interessante caminho de liberdade e êxito.

"Há dois anos, ouvi falar de um terapeuta, no Havaí, que curou um pavilhão inteiro de pacientes criminais insanos sem sequer ver nenhum deles. O psicólogo estudava a ficha do preso e, em seguida, olhava para dentro de si mesmo a fim de ver como ele havia criado a enfermidade dessa pessoa. À medida que ele melhorava, o paciente também melhorava.

A primeira vez que ouvi essa história, pensei tratar-se de alguma lenda urbana. Como podia alguém curar a outro, somente através de curar-se a si mesmo? Como podia, ainda que fosse o mestre de maior poder de autocura, curar a alguém criminalmente insano?

Não tinha nenhum sentido, não era lógico, de modo que descartei essa história.

Entretanto, a escutei novamente, um ano depois. Soube que o terapeuta havia usado um processo de cura havaiano chamado "Ho'oponopono".

Nunca ouvira falar dele, no entanto, não conseguia tirá-lo de minha mente. Se a história era realmente verdadeira, eu tinha que saber mais. Sempre soubera que total responsabilidade significava que eu sou responsável pelo que penso e faço. O que estiver além está fora de minhas mãos. Acho que a maior parte das pessoas pensam o mesmo sobre a responsabilidade.

Somos responsáveis pelo que fazemos e não pelo que fazem os outros.

O terapeuta havaiano que curou essas pessoas mentalmente enfermas me ensinaria uma nova perspectiva avançada sobre o que é a total responsabilidade. Seu nome é Dr. Ihaleakalá Hew Len.

Passamos, provavelmente, uma hora falando em nossa primeira conversa telefônica.

Pedi que me contasse toda a história de seu trabalho como terapeuta. Ele me explicou que havia trabalhado no Hospital do Estado do Havaí durante quatro anos. O pavilhão onde encerravam os loucos criminais era perigoso. Em regra geral, os psicólogos se demitiam após um mês de trabalho ali. A maior parte do pessoal do hospital ficava doente ou se demitia. As pessoas que passavam por aquele pavilhão simplesmente caminhavam com as costas contra a parede com medo de serem atacadas pelos pacientes. Não era um lugar bom para viver, nem para trabalhar, nem para visitar.

O Dr. Len me disse que nunca viu os pacientes. Assinou um acordo para ter uma sala no hospital e revisar os seus prontuários médicos. Enquanto lia os prontuários médicos, ele trabalhava sobre si mesmo. Enquanto ele trabalhava sobre si mesmo, os pacientes começaram a curar-se.

"Depois de poucos meses, os pacientes que estavam acorrentados receberam a permissão para caminharem livremente", me disse. "Outros, que tinham que ficar fortemente medicados, começaram a ter suas medicações reduzidas. E aqueles, que não tinham jamais qualquer possibilidade de serem liberados, receberam alta". Eu estava assombrado.

"Não foi somente isso", continuou, "até o pessoal começou a gostar de ir trabalhar. O absenteísmo e as mudanças de pessoal desapareceram. Terminamos com mais funcionários do que necessitávamos porque os pacientes eram liberados e todo o pessoal vinha trabalhar. Hoje, aquele pavilhão do hospital está fechado."

Foi neste momento que eu tive que fazer a pergunta de um milhão de dólares: – "O que foi que o senhor fez a si mesmo para ocasionar tal mudança nessas pessoas?". "Eu simplesmente estava curando aquela parte em mim que os havia criado", disse ele.

Não entendi. O Dr. Len me explicou, então, que entendia que a total responsabilidade por nossa vida implica em tudo o que está na nossa vida, pelo simples fato de estar em nossa vida e ser, por esta razão, de nossa responsabilidade. Num sentido literal, o mundo todo é criação nossa.

Uau! Mas isso é duro de engolir. Ser responsável pelo o que digo e faço é uma coisa. Ser responsável pelo que diz e faz outra pessoa que está na minha vida é muito diferente. Apesar disso, a verdade é essa: se você assume completa responsabilidade por sua vida, então tudo o que você olha, escuta, saboreia, toca ou experimenta de qualquer forma é a sua responsabilidade, porque está em sua vida. Isto significa que a atividade terrorista, o presidente, a economia ou qualquer coisa que você experimenta e não gosta, está ali para que você a cure. Tudo isto não existe, digamos, exceto como projeções que saem do seu interior. O problema não está neles, está em você, e, para mudá-lo, você é quem tem que mudar.

Sei que isto é difícil de entender, muito menos de aceitar ou de realmente vivenciar. Colocar a culpa em outra pessoa é muito mais fácil que assumir a total responsabilidade, mas enquanto conversava com o Dr. Len, comecei a compreender essa cura dele, e que o Ho'oponopono significa amar-se a si mesmo. Se você deseja melhorar sua vida, você deve curar sua vida. Se você deseja curar alguém, mesmo um criminoso mentalmente doente, você o faz curando a si mesmo.

Perguntei ao Dr. Len como ele curava a si mesmo. O que era, exatamente, que ele fazia, quando olhava os prontuários daqueles pacientes?

"Eu, simplesmente, permanecia dizendo 'Eu sinto muito' e 'Te amo', uma vez após outra" explicou-me.

"Só isso?"

"Só isso! Acontece que amar a si mesmo é a melhor forma de melhorar a si mesmo e, à medida que você melhora a si mesmo, melhora o seu mundo".

Permita-me, agora, dar um rápido exemplo de como isto funciona. Um dia, alguém me enviou um e-mail que me desequilibrou. No passado, eu teria reagido trabalhando meus aspectos emocionais tórridos ou tentado argumentar com a pessoa que me enviara aquela mensagem detestável. Mas, desta vez, eu decidi testar o método do Dr. Len. Comecei a pronunciar, em silêncio: "Sinto muito" e "Te amo". Não dizia isto para alguém, em particular. Ficava, simplesmente, invocando o espírito do amor, para que ele curasse dentro de mim o que estava criando aquela circunstância externa.

Depois de uma hora, recebi um e-mail da mesma pessoa, desculpando-se pela mensagem que me enviara antes. Observe que eu não realizei qualquer ação externa para receber essa desculpa. Eu nem sequer respondi aquela mensagem. Não obstante, somente repetindo "sinto muito" e "te amo", de alguma maneira curei dentro de mim aquilo que criara naquela pessoa.

Posteriormente, participei de um workshop sobre o Ho'oponopono, ministrada pelo Dr. Len. Ele tem, agora, 70 anos de idade, é considerado um "xamã avô" e é um pouco solitário. Elogiou meu livro 'O Fator de Atração' (The Attractor Factor). Disse-me que, à medida que eu melhorar a mim mesmo, a vibração do meu livro aumentará e todos sentirão o mesmo quando o lerem. Resumindo, na medida em que eu melhore, meus leitores também melhorarão.

Seria necessário um livro inteiro para explicar essa técnica avançada com a profundidade que ela merece. "Basta, apenas, dizer que, quando você queira ou deseje melhorar qualquer coisa na sua vida, existe somente um lugar onde procurar: dentro de você mesmo. E, quando olhar, faça-o com amor".

(Capítulo de Limite Zero, Joe Vitale)

"

REFERÊNCIAS BIBLIOGRÁFICAS

BEATTIE, Melody. Co dependência nunca mais. Rio de Janeiro, Viva livros, 2013.

CARLIN, John. Invictus – Conquistando o inimigo. Rio de Janeiro, Sextante,2009.

CHOPRA, Deepak. Saúde perfeita. Brasília: Viva livros, 1990.

DAVIDSON, Richard. O estilo emocional do cérebro. Rio de Janeiro: Sextante,2013.

DISPENZA, Joe. Quebrando o hábito se ser você mesmo. 3. ed. Porto Alegre:Citadel, 2019.

DUHIGG, Charles. O poder do hábito. Rio de Janeiro: Objetiva, 2012.

FOUCAULT, Michael. As palavras e as coisas. 8ª ed. São Paulo, Martins Fontes,1999.

MYSS, Caroline. O poder sagrado. Disponível em:
https://www.gaia.com/seeking-truth/original-programs,1988.
Acesso em 17/07/2021.

RAVINI, Sá. O poder dos mantras. Nova Petrópolis: Luz da Serra, 2020.

RYAN, M.J.O poder da gratidão. Rio de Janeiro, Sextante, 2008.

STEVENSON, Mônica. Guia especial de mantras e afirmações poderosas. E-book, 2020.

VITALE, Joe. Limite Zero. Rio de Janeiro: Rocco, 2009.

WESKOTT, Jens. A magia dos Kahunas – o segredo do antigo Hawai. Zenda, São Paulo. 1995.

Formada em filosofia e teologia em universidades da Espanha e Itália. Professora universitária por mais de 15 anos. Palestrante na área de inteligência emocional e inteligência espiritual. Promove cursos, imersões e atendimentos individuais e para grupos de empresas, e também cursos e sessões online e presenciais. Consultora de bem-estar com óleos essenciais: gotas e aromas que transformam o cotidiano, cuidando da saúde física, emocional e financeira.

Os mantras são comandos de vida, palavras que empoderam. Redesenham o cérebro com afirmações de poder.

"Nesta jornada, tenho percebido que, como humanos, temos um potencial incrível, e me sinto feliz por vivenciar isso", diz a autora.

Dilma Silva é criadora da ferramenta "Meditando com Aromas", que une a meditação com o conhecimento dos princípios ativos e transformadores dos óleos essenciais.

Aplica a bela arte do Feng Shui, para criar e energizar o lar com cristais, energias e aromas. Radiestesia: o que o pêndulo pode me dizer? Práticas também em cinesiologia – balanceamento muscular, energia dos cristais e barras de access.

www.ingramcontent.com/pod-product-compliance
Lightning Source LLC
LaVergne TN
LVHW050316160826
845677LV00014B/3417

* 9 7 8 6 5 0 0 5 1 0 4 0 9 *